ISBN: 978-1-291-74223-7

Diet Planner Plus
Guida Ufficiale

Software per la redazione di piani alimentari personalizzati e per l'analisi della composizione corporea

Sommario

Introduzione a Diet Planner Plus

Il software Diet Planner Plus ha come obiettivo la redazione di diete personalizzate e la gestione di analisi corporee, ovvero di valutare e registrare, una volta inseriti i dati relativi necessari, la percentuale di grasso corporeo di un dato paziente.

E' un software pensato principalmente per i dietologi con lo scopo di offrire uno strumento semplice ed immediato per la redazione di piani alimentari personalizzati per paziente, con la rappresentazione grafica dei rapporti tra i macronutrienti e dell'andamento dei carichi glicemici nei vari pasti che compongono la dieta.

Il software contiene già un completo database di alimenti, caratterizzati per macronutrienti (proteine, carboidrati, grassi), minerali, vitamine ed indice glicemico. E' possibile in ogni caso integrare l'elenco degli alimenti, inserendo e modificando i dati di ogni singolo alimento.

Diet Planner Plus offre un'accurata stampa dei piani dietetici creati e delle analisi corporee effettuate, corredate dai relativi grafici e con il possibile inserimento di note e personalizzazioni.

Il software permette la gestione di un database illimitato di pazienti, alimenti, analisi corporee e piani alimentari.

Diet Planner Plus è un programma che nasce orientato ai medici dietologi ed ai medici sportivi, ma è adatto anche ai professionisti del fitness, agli esperti di alimentazione ed ai semplici appassionati, che possono gestire con semplicità i propri piani alimentari e le proprie analisi corporee.

Nota: Il presente software non può in alcun modo sostituire l'attività professionale di un medico dietologo. Prima di adottare qualsiasi variazione alla propria alimentazione è necessario chiedere il parere del proprio medico.

Primo avvio e registrazione

Diet Planner Plus viene fornito in licenza d'uso all'utente; il programma è protetto dalla copia non autorizzata attraverso un doppio meccanismo, che richiede la verifica di questi dati:

- Numero di licenza

- Identificativo installazione e codice di sblocco

Il numero di licenza è fornito con ogni confezione di Diet Planner regolarmente acquistata, esso è necessario per poter avviare il programma.

Il codice di sblocco è fornito da GLDM e dipende dall'identificativo installazione.

Inserimento numero di licenza

Al primo avvio di Diet Planner Plus sarà necessario introdurre il numero di licenza fornito.

Figura 1

Identificativo installazione e codice di sblocco

Una volta inserito il numero di licenza, Diet Planner Plus richiederà l'inserimento del codice di sblocco.

In base ai parametri del vostro computer, come si vede nella finestra illustrata nella figura 2, Diet Planner Plus genera un identificativo installazione e si aspetta il relativo codice di sblocco.

Per ottenere il codice di sblocco è sufficiente contattare il supporto GLDM comunicando:

1. il numero di licenza

2. l'identificativo installazione generato per il vostro computer.

Entro due giorni lavorativi GLDM vi contatterà comunicandovi il vostro codice di sblocco.

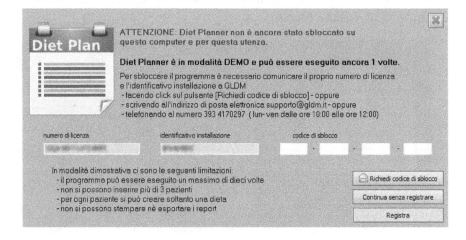

Figura 2

Il pulsante **[Richiedi codice di sblocco]** consente di automatizzare la richiesta del codice: premendolo si aprirà una e-mail compilata automaticamente con tutti i dati necessari allo sblocco del programma[1]. Sarà sufficiente inviare questa e-mail con il vostro programma di posta elettronica preferito.

Una volta inserito il codice di sblocco, premendo il pulsante **[Registra]** terminate la procedura di registrazione, sbloccando la vostra installazione (Nella figura 3 si vede la schermata che si ottiene all'inserimento del corretto codice di sblocco).

In assenza del codice di sblocco è consentito eseguire Diet Planner Plus in modalità dimostrativa per un massimo di 10 volte.

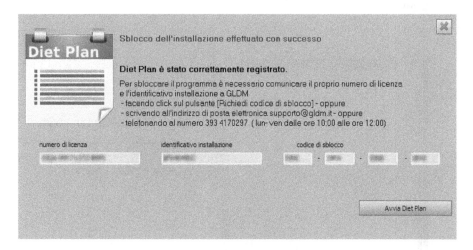

Figura 3

---

[1] Affinché la e-mail automatica funzioni è necessario che, sul computer, sia installato e configurato un software di posta elettronica.

La finestra principale

Menù principale

Nella finestra principale compaiono in alto a sinistra sei voci di menù: "Pazienti", "Diete", "Analisi corporee", "Alimenti", "Strumenti" e "?".

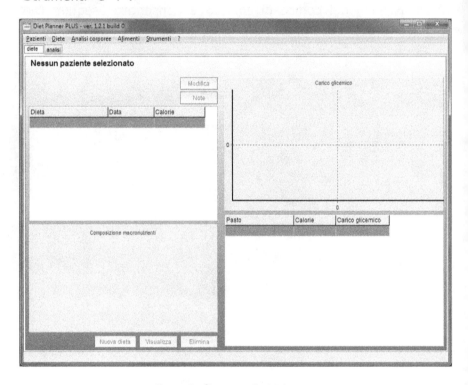

Figura 4 – finestra principale

Menù "Pazienti"

La prima voce nel menù della finestra principale è "Pazienti". Cliccando sopra di essa si aprono tre ulteriori voci: "Elenco pazienti", "Ricerca pazienti" e "Nuovo paziente".

Nel primo caso aprendo: "Elenco pazienti" viene mostrata la lista completa dei pazienti inseriti, da cui si può selezionare il paziente a cui si è interessati, o rimuoverlo.

Cliccando sulla voce: "Ricerca pazienti" si accede alla ricerca del singolo paziente per cognome e/o nome (questa voce è presente solo nell'applicazione registrata);

la terza voce, "Nuovo paziente", fa comparire una finestra per la compilazione dei dati del nuovo paziente che si vuole inserire in elenco (si veda il paragrafo "Inserimento nuovo paziente" a pagina 18).

Menù "Diete"

Le voci presenti in questo menù sono quattro. I primi due: "Lista modelli dieta" e "Aggiungi nuovo modello dieta" sono disponibili, gli altri: "Nuova dieta" e "Nuova dieta da modello" si attiveranno solo se si è selezionato un paziente (si vedano i paragrafi relativi); in questo caso si avrà la possibilità di inserire una nuova dieta, di visualizzare e di rimuovere una dieta selezionata.

Aprendo: "Lista modelli dieta" appaiono diversi modelli di diete utilizzabili e/o modificabili; ciccando su: "Aggiungi nuovo modello dieta" si possono creare nuovi modelli di dieta.

Menù "Analisi corporee"

Le voci presenti in questo menù saranno attive solo se si è già selezionato un paziente; in questo caso si avrà la possibilità di inserire una nuova analisi, di visualizzare, rimuovere un'analisi selezionata o di esportare in Excel l'analisi corrente.

Menù "Alimenti"

Cliccando sulla voce del menù: "Alimenti" si aprono quattro ulteriori voci: "Gruppi alimentari", "Lista alimenti", "Ricerca alimento" e "Inserisci alimento".

Nel primo caso aprendo "Gruppi alimentari" si può selezionare, modificare o cancellare un gruppo alimentare presente o inserirne uno nuovo;

Cliccando sulla voce "Lista alimenti" compare l'elenco di tutti gli alimenti presenti nel database, da cui si può modificare o cancellare un alimento presente;

"Ricerca alimento" permette la ricerca per gruppo alimentare e/o per iniziale del nome dell'alimento desiderato;

l'ultima voce: "Inserisci alimento" consente l'inserimento di un alimento nuovo con relativi macronutrienti e micronutrienti.

Menù "Strumenti"

Questo menù permette di effettuare un backup del vostro database e di ripristinarlo nel caso abbiate effettuato delle operazioni distruttive (per esempio, cancellando un paziente o una dieta) e vogliate ripristinare lo stato precedente.

Attenzione: è fortemente raccomandato effettuare periodicamente il backup dei propri dati, salvando il backup su una unità esterna (disco usb, chiavetta, ecc...) per evitare di perdere i dati in caso di malfunzionamenti del disco rigido, virus, eccetera.

Menù "?"

Vi sono quattro voci: "Apri il manuale di Diet Planner PLUS", "Informazioni sul programma" (viene mostrata una finestra con le informazioni sulla versione di Diet Planner Plus) , "Apri il sito web" e "Registrazione Diet Planner PLUS" (vedi il paragrafo: "Registrazione").

Descrizione finestra principale

Una volta selezionato un paziente apparirà una finestra come quella in calce con il nome ed i dati principali, le note (se sono state apposte) e due schede.

Nella prima si avrà l'elenco delle diete in ordine di data di esecuzione, con le corrispondenti calorie. A fianco della dieta selezionata sarà presente un grafico rappresentativo della composizione dei macronutrienti e del carico glicemico per singolo pasto. Nella parte bassa della finestra, sotto i grafici, sono rappresentati i pasti con relative calorie e carichi glicemici espressi in dati numerici.

Nella seconda scheda si avrà la lista delle analisi corporee.

Facendo click sul pulsante: [**Visualizza**] si apre la finestra della dieta corrispondente.

Facendo click sul pulsante **[Nuova dieta]** si crea una nuova dieta; infine col pulsante **[Elimina]** si procede a rimuovere la dieta selezionata dal database definitivamente.

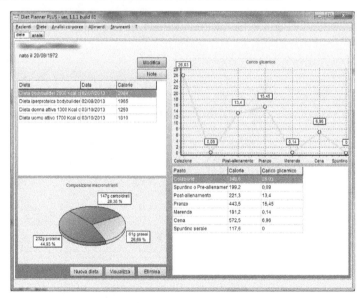

Figura 5 – finestra principale con un paziente caricato

Gestione database pazienti

Elenco pazienti

Per visualizzare l'elenco dei pazienti occorre aprire il menù "Pazienti" in alto a sinistra e poi ciccare: "Elenco pazienti".

Nella schermata: "Elenco pazienti" appariranno tutti i pazienti registrati in ordine alfabetico per cognome, nome e la loro data di nascita.

Dall'elenco pazienti, cliccando il primo pulsante in basso a sinistra: **[Seleziona]**, dopo aver cliccato sul paziente interessato, si ritorna alla finestra principale, riempita con i dati e l'elenco delle diete relative al paziente prescelto. Per ottenere lo stesso risultato si può altresì cliccare due volte sul nome del paziente che si vuole selezionare.

Ciccando invece su: **[Cancella paziente]** (dopo aver selezionato il paziente da cancellare) viene posta la domanda: "Sei sicuro di voler cancellare il paziente?" Rispondendo **[No]**, si annulla la cancellazione, mantenendo il paziente nel, mentre con **[Ok]** si procede a rimuovere in modo definitivo il paziente con i suoi dati, le sue diete e analisi. Con il pulsante: **[Esci]** si torna alla finestra principale.

Figura 6 – elenco pazienti

Ricerca pazienti

Nella finestra di ricerca del paziente sono presenti due caselle di testo ("Cognome" e "Nome") che permettono di inserire le prime lettere del nome o del cognome del paziente desiderato.

Questa finestra ha sostanzialmente le stesse caratteristiche descritte nel paragrafo precedente per l'elenco pazienti, ma si rivela più utile qualora si disponga di un numero molto grande di pazienti che sarebbe scomodo scorrere per trovare la persona giusta.

E' sufficiente digitare le prime lettere del cognome o del nome (o entrambi) nelle caselle di testo, quindi premere il pulsante **[Cerca]** per riempire la griglia sottostante con i risultati della ricerca.

Figura 7 – ricerca pazienti

Inserimento e modifica di un paziente

Inserimento nuovo paziente

Per inserire un nuovo paziente si deve aprire il menù "Pazienti" e poi selezionare la voce "Nuovo paziente".

Comparirà una finestra per l'inserimento dei dati identificativi. "Nome", "Cognome" e "Data di nascita" sono sempre necessari; in mancanza di questi non si può procedere con la registrazione del nuovo paziente.

Per l'inserimento della data di nascita si può ricorrere anche al componente calendario posto accanto. Si può cliccare sul numero corrispondente al giorno della nascita; per il mese va cliccata la freccia singola e per l'anno le due frecce, quelle rivolte verso destra per aumentare i mesi e gli anni, e viceversa, quelle rivolte a sinistra per diminuirli.

Oltre ai dati strettamente necessari, viene posta la richiesta della compilazione dell'indirizzo, della città, del cellulare, del telefono fisso e dell'e-mail, se presente.

Uno spazio è dedicato alle "Note", qualora si volesse tenere a memoria qualcosa relativo al paziente.

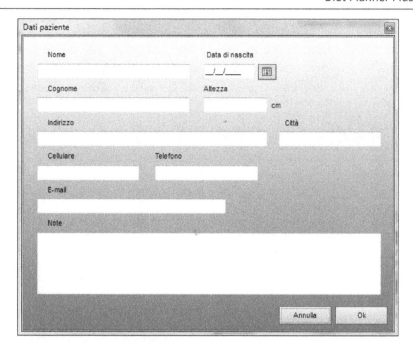

Figura 8

Modifica dati di un paziente

E' possibile modificare i dati di un paziente già presente in archivio. Si procede cliccando su **[Modifica]**, cambiando il dato o i dati interessati e cliccando il tasto: **[Ok]** in basso a destra.

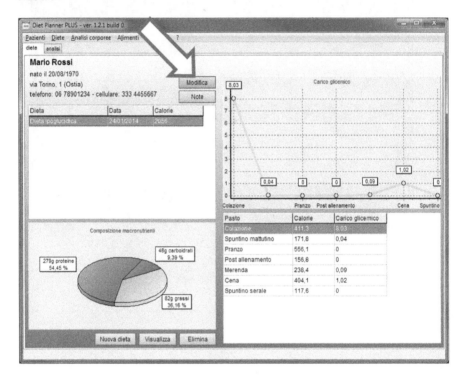

Figura 9

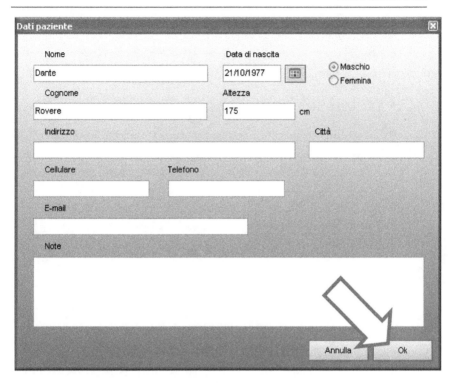

Figura 10

Gestone piani alimentari

Creazione nuova dieta

Selezionando il menù "Diete" e, se si è già selezionato un paziente, la voce: "Nuova Dieta" si può procede alla compilazione della dieta.

In alto a sinistra sono presenti due menù: "Azioni" e "Report".

Cliccando su "**Azioni**" compaiono quattro voci: "Modifica", "Annulla", "Salva" e "Crea modello". "Modifica" si utilizza per modificare un dato; "Annulla" per annullare l'operazione, per cui sarà di seguito formulata la domanda se si è sicuri di voler uscire senza salvare; "Salva" permette il salvataggio del contenuto apposto e "Crea modello" consente di creare un modello di dieta a partire dalla dieta redatta.

Cliccando su "**Report**" compaiono tre voci: "Anteprima report", "Esporta pdf" ed "Esporta Excel". "Anteprima report" permette di vedere l'anteprima della stampa del report con l'intestazione e la dieta redatta; "Esporta pdf" consente di esportare la dieta in formato pdf; "Esporta Excel" si utilizza per esportare i dati in formato Microsoft Excel.

Nella finestra, in alto a sinistra appare la dicitura: "**Nome dieta**" accanto a cui si può inserire il nome della dieta che si intende compilare.

In alto a destra compare automaticamente la **data** del giorno in cui si redige la dieta. Questo valore si può naturalmente modificare, digitando manualmente la data oppure utilizzando il componente calendario subito sulla destra.

Alla destra del pulsante calendario si trova un altro pulsante con un'icona che rappresenta una macchina fotografica; se il pulsante è di colore rosso significa che non esiste un immagine associata alla dieta; se il pulsante è di colore verde significa che esiste già un'immagine associata alla dieta corrente.

Facendo click su questo pulsante si apre la finestra da cui si può inserire o modificare la **foto** del paziente.

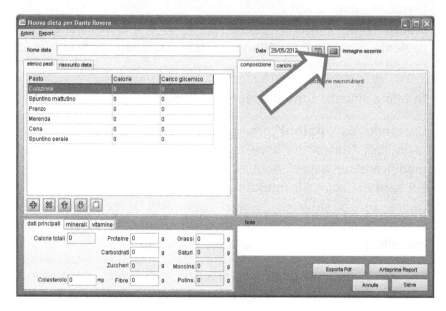

Figura 11

Le due schede sulla sinistra della form: "Elenco pasti" e "Riassunto dieta" permettono, la prima, di inserire e modificare i singoli pasti della dieta, il secondo di visualizzare in formato riassuntivo la dieta stessa.

Le due schede sulla destra: "**Composizione**" e "**Carichi glicemici**" permettono, il primo di vedere la composizione dei macronutrienti della dieta, il secondo l'andamento dei carichi glicemici dei singoli pasti.

Facendo doppio click sul nome del pasto si apre la finestra attraverso cui si avvia la compilazione della dieta.

In basso a sinistra, sotto l'elenco dei pasti appaiono cinque simboli. Il primo simbolo: **[+]** di colore verde consente l'inserimento di un ulteriore pasto.

Il secondo simbolo: **[x]** rosso cancella il pasto selezionato.

La freccia verde puntata verso l'alto permette di spostare il pasto selezionato di una posizione verso la parte alta dell'elenco; la freccia verde rivolta verso il basso sposta al contrario il pasto selezionato verso la parte bassa dell'elenco.

Il simbolo raffigurante il blocco note effettua una copia del pasto selezionato.

Al di sotto dei simboli, in basso a sinistra, sono presenti tre schede: "**dati principali**", "**minerali**" e "**vitamine**" che riportano le relative informazioni sui macronutrienti e micronutrienti della dieta.

Alla destra della finestra, in basso, si possono, apporre note, e/o, cliccando i pulsanti relativi, esportare in formato PDF il contenuto della dieta, vederne l'anteprima, annullare eventuali modifiche col tasto **[Annulla]** e salvare i contenuti col tasto **[Salva]**.

Elenco pasti

E' l'elenco dei pasti della dieta che si intende compilare.

Nell'elenco, accanto ad ogni pasto sono presenti le calorie ed il carico glicemico di ciascuno.

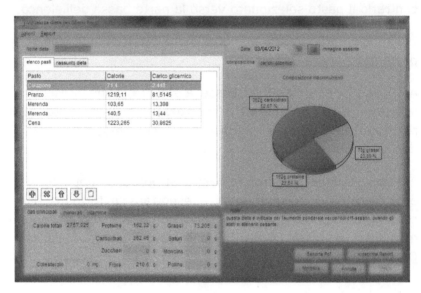

Figura 12

Con i **simboli** in basso a sinistra, come illustrato nelle pagine precedenti, si possono aggiungere (+ verde), cancellare (x rosso), spostare verso l'alto o verso il basso (frecce verdi rivolte verso l'alto o il basso) e/o duplicare i pasti (blocco note).

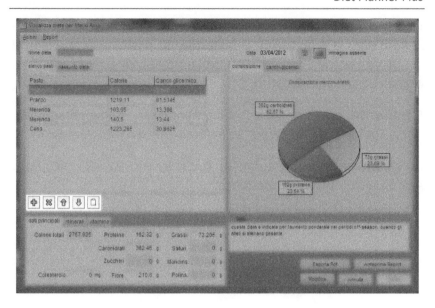

Figura 13

Macronutrienti e micronutrienti

In basso a sinistra sono presenti tre schede raffiguranti: "dati principali", "minerali" e "vitamine".

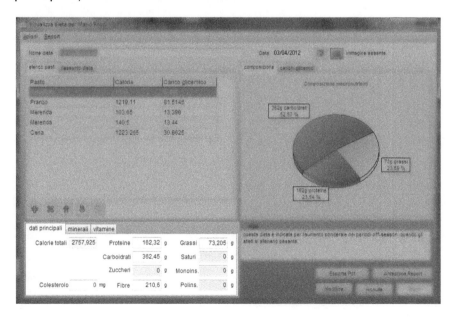

Figura 14

I **dati principali** esprimono le calorie totali dei pasti presenti nella dieta, la quantità di colesterolo, le proteine, i carboidrati di cui gli zuccheri solubili, le fibre, i grassi, di cui quelli saturi, monoinsaturi e polinsaturi.

I **minerali** presenti sono: sodio, potassio, calcio, magnesio, ferro, fosforo, zinco, rame, selenio.

Le **vitamine** presenti sono: A, C, D, E, B1, B2, B3, B6, B12, Acido pantotenico e Acido folico.

Riassunto dieta

La scheda "riassunto dieta" mostra la composizione della dieta, esprimendo il contenuto dei singoli pasti, con accanto la quantità dell'alimento espressa in grammi e le eventuali note, qualora apposte durante la compilazione della dieta.

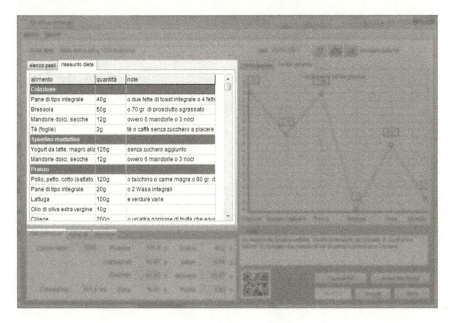

Figura 15

In basso a sinistra sono presenti, come visto in precedenza, i macronutrienti (dati principali) e i micronutrienti (minerali e vitamine) della dieta.

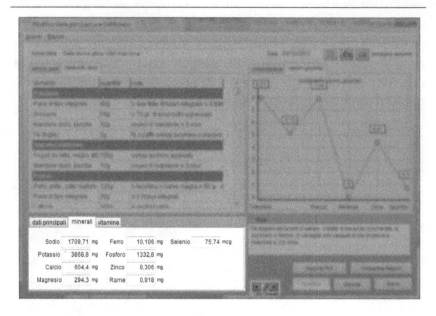

Figura 16

Nella parte destra della finestra sono presenti grafici con la sua composizione di macronutrienti e i carichi e gli indici glicemici per singolo pasto.

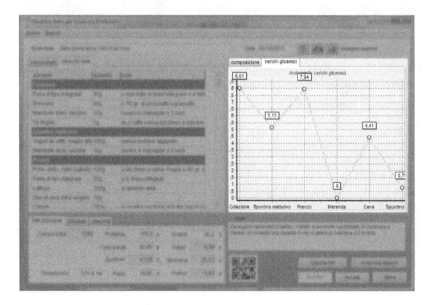

Figura 17

Al di sotto dei grafici sono presenti: lo spazio per apporre delle note e i pulsanti per l'esportazione della dieta in formato PDF, per l'anteprima del documento, per le modifiche, l'annullamento e il salvataggio dell'operazione effettuata.

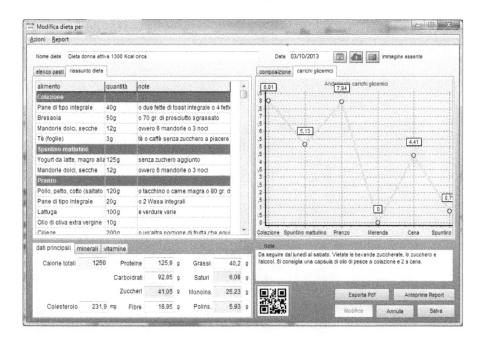

Figura 18

I grafici

Composizione

Il grafico a torta della "composizione" rende attraverso la suddivisione in tre parti colorate diversamente (carboidrati in rosso; grassi in giallo e proteine in verde) la composizione in grammi e percentuali dei macronutrienti della dieta.

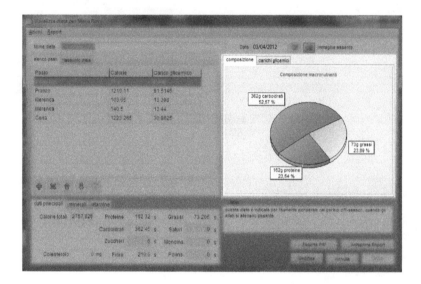

Figura 19

Carichi glicemici

La scheda dei "carichi glicemici" esprime in forma grafica l'andamento dei carichi glicemici tra i vari pasti che compongono il piano dietetico.

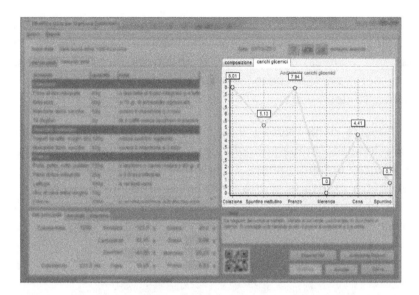

Figura 20

Questo diagramma può risultare utile qualora si seguano linee guida alimentari che valutano positivamente una limitata variazione tra i carichi glicemici dei pasti, cercando cioè di limitare nel paziente gli sbalzi ormonali dati da carichi glicemici elevati.

Le variazioni dei carichi glicemici sono immediatamente diagrammate su questo grafico, permettendo all'operatore di vedere rapidamente gli effetti delle modifiche di un dato pasto.

Altre funzioni

Allegare un' immagine al piano alimentare

In Diet Planner Plus è possibile allegare un' immagine ad ogni piano alimentare.

Questa funzionalità è stata introdotta per dare la possibilità al dietologo / personal trainer di inserire la fotografia del paziente all'inizio di una dieta, in modo da tenere traccia non solo dei valori di peso, ma anche dell'aspetto estetico al momento della dieta.

La finestra della "Nuova dieta" presenta un pulsante seguito dall'etichetta "immagine presente" se alla dieta è già stata associata un'immagine; il pulsante è di colore verde e l'etichetta riporta la scritta "immagine presente"; mentre se la dieta non ha una immagine allegata il pulsante si presenta di colore rosso e l'etichetta è "immagine assente".

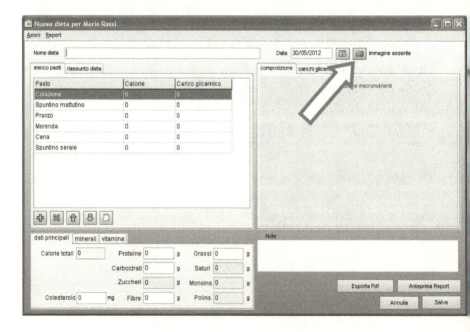

Figura 21

Premendo il pulsante per allegare l'immagine (il simbolo rosso con la macchina fotografica) si apre una finestra simile a quella rappresentata in figura 22:

Figura 22 – finestra immagine paziente (vuota)

I due pulsanti presenti in alto a sinistra della finestra permettono, rispettivamente, di ricercare ed aprire un file immagine da allegare, e di eliminare l'immagine allegata.

Una volta selezionato un file immagine, questo verrà mostrato nella finestra, come illustrato in figura 23.

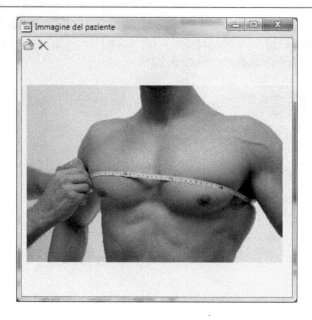

Figura 23 – immagine paziente caricata

Lista modelli

E' l'elenco dei modelli di dieta presenti (vedi figura 24). Col pulsante: **[Seleziona]** (o facendo doppio click sul nome della dieta) si seleziona la dieta interessata, con il pulsante: **[Visualizza]** si apre la finestra che mostra la dieta selezionata. Col pulsante: **[Esci]** si torna alla finestra precedente.

Nuova dieta da modello

E' possibile inserire nell'elenco delle diete una nuova dieta da modello.

Dal menù: "Diete", cliccando su: "Nuova dieta da modello" si apre la finestra: "Lista modelli". Facendo doppio click sulla dieta selezionata questa viene inserita nell'elenco delle diete del paziente con la data del giorno in cui si sta redigendo la dieta (la data è comunque modificabile).

Questa funzione permette di usufruire di un elenco di modelli di diete già pronte, modificabili e personalizzabili.

Figura 24

Aggiungi modello dieta

E' possibile inserire alla "Lista modelli dieta", nuovi modelli di dieta. Una volta redatto un nuovo modello di dieta (il processo di compilazione è uguale a quello di una qualsiasi dieta – vedi pagine 23 e successive), col tasto: **[Salva]** verrà salvato e inserito nella lista dei modelli (si veda la figura 26).

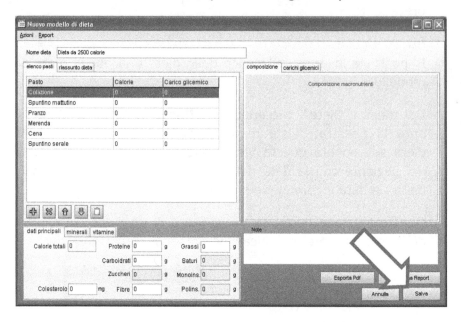

Figura 25

Figura 26 – lista modelli dieta

Compilazione di una dieta

Dalla finestra: "Nuova dieta", facendo doppio click sul pasto selezionato si apre la finestra: "Modifica pasto". Si può così procedere alla compilazione della dieta.

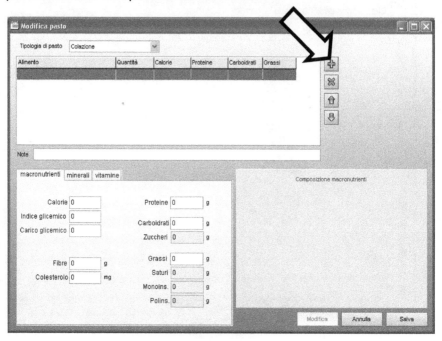

Figura 27

Per mettere in elenco al pasto un alimento occorre cliccare sul primo dei simboli situati a destra: sulla crocetta verde. Si aprirà così la finestra con l'elenco degli alimenti (si veda la figura 28).

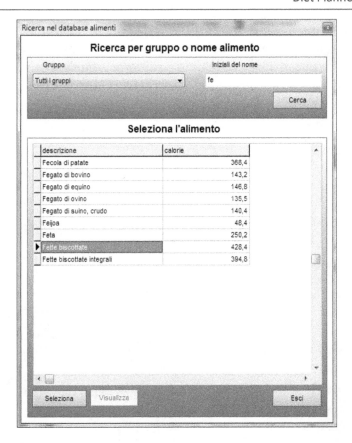

Figura 28

Per inserire l'alimento occorre procedere nella ricerca per gruppo alimentare e/o per iniziali del nome. Inserite le prime lettere si può o fare: "Invio" o premere il pulsante: **[Cerca]**. Trovato l'alimento interessato, occorre o fare doppio click sul nome, o, una volta selezionato, premere il pulsante: **[Seleziona]**.

Si aprirà così una nuova finestra per l'inserimento dei dati riferiti alla quantità e/o ad eventuali annotazioni (riportare poi nel report).

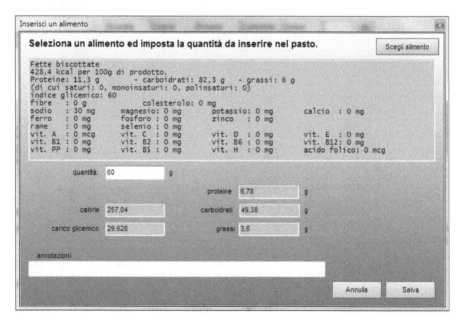

Figura 29

Col tasto: **[Salva]** l'alimento verrà aggiunto all'elenco degli alimenti del pasto con accanto la quantità espressa in grammi, le calorie, le proteine, i carboidrati e i grassi.

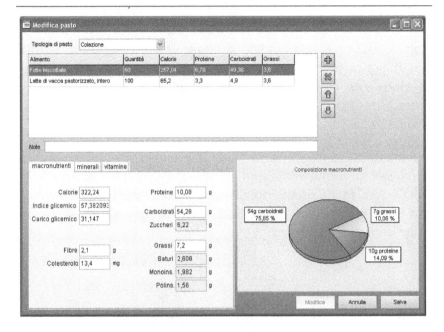

Figura 30

Col simbolo della **[x]** rossa si cancella l'alimento selezionato, con le frecce verdi si sposta l'alimento selezionato verso la parte alta dell'elenco (freccia rivolta verso l'alto) e verso la parte bassa (freccia rivolta verso il basso).

In basso a sinistra sono espressi i macronutrienti e i micronutrienti del pasto.

Mentre alla loro destra è presente il grafico a torta che rappresenta la percentuale e i grammi dei macronutrienti del pasto.

Col pulsante **[Annulla]** si torna alla finestra precedente; viene chiesto se si è certi di voler uscire senza salvare per non perdere il lavoro svolto. Con **[Ok]** si esce senza salvare il lavoro, con **[No]** si può procedere al salvataggio e alla successiva uscita dalla finestra. Con il pulsante: **[Salva]** si salva la compilazione della dieta e si torna alla finestra principale della "Nuova dieta" per procedere alla compilazione del pasto successivo.

Esportazione dieta per iPhone

Con la nuova versione di Diet Planner Plus è stata introdotta la possibilità di esportare sul *cloud* la dieta prescritta al paziente, in modo che egli possa importarla sul proprio telefonino con l'app Diet Planner Mobile oppure Diet Planner Reader per iPhone.

Innanzitutto, dalla finestra della dieta, occorre effettuare la condivisione della dieta sul *cloud*, dal tasto evidenziato in figura 31; **attenzione, verificate che il vostro computer sia connesso ad internet prima di effettuare la condivisione sul *cloud*.**

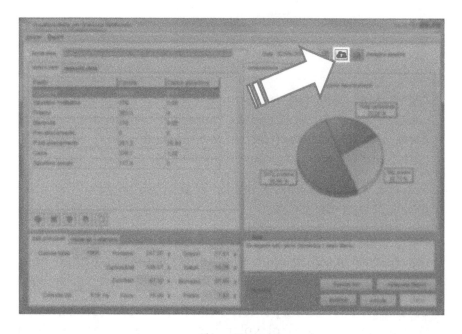

Figura 31

Se la condivisione sul *cloud* è andata a buon fine verrà segnalato da un messaggio a video, dopodiché la finestra della dieta mostrerà queste differenze:

- l'icona del pulsante Condividi dieta cambierà colore da verde a rossa. Premere questo pulsante rimuoverà la dieta dal *cloud*, impedendo che il paziente possa scaricare la dieta attraverso Diet Planner Mobile.

- Nella parte inferiore della finestra comparirà un QR-CODE, che verrà stampato nel report della dieta da consegnare al paziente. Egli dovrà inquadrare la stampa che gli avrete consegnato con la fotocamera del suo iPhone, a questo punto l'app Diet Planner Mobile scaricherà sul telefono del paziente la dieta, esattamente come l'avete prescritta.

Si veda la figura 32.

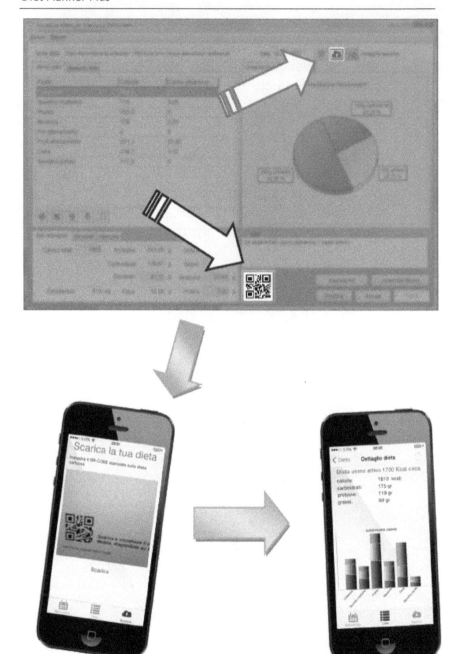

Figura 32 – QR-CODE per la condivisione su iPhone

Report del piano alimentare

Il Report, che riporta la data della dieta ed il nome del paziente, permette di avere nella prima pagina (figura 33) un riassunto dei pasti e degli alimenti (con la grammatura e le note apposte) suggeriti al paziente, nella seconda pagina (figura 34) la composizione dei macronutrienti e micronutrienti con i grafici relativi alla composizione e ai carichi ed indici glicemici, e nella terza pagina (figura 35) la foto del paziente (se è stata annessa).

Alla conclusione della compilazione della dieta il report può essere stampato e consegnato al paziente.

Nota: in modalità dimostrativa il report non sarà stampabile.

Figura 33

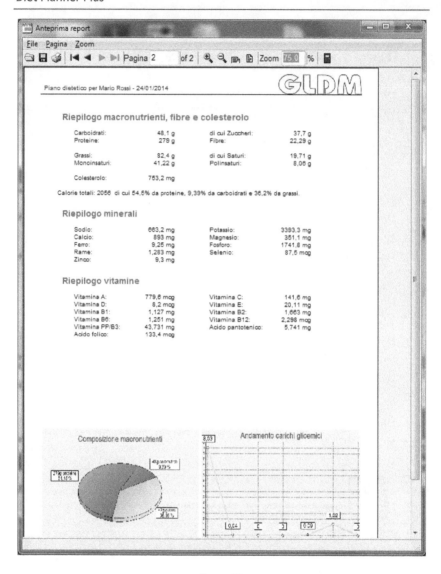

Figura 34

Nel caso in cui la dieta selezionata comprenda un'immagine allegata, questa verrà inserita nel report, come si può vedere nella figura seguente.

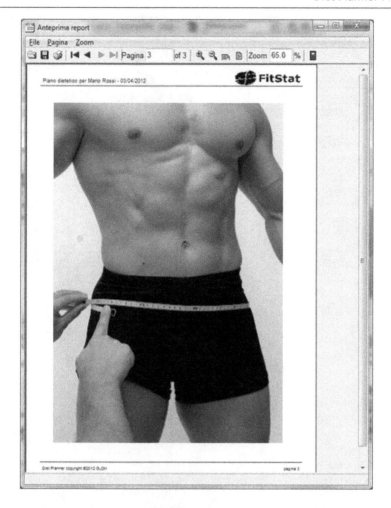

Figura 35 – anteprima report con immagine allegata

Nel report in alto a destra si può inserire un proprio logo. La dimensione suggerita è di: 400x100 pixel, su sfondo bianco. Il logo si ripete su tutte e tre le pagine di stampa del report.

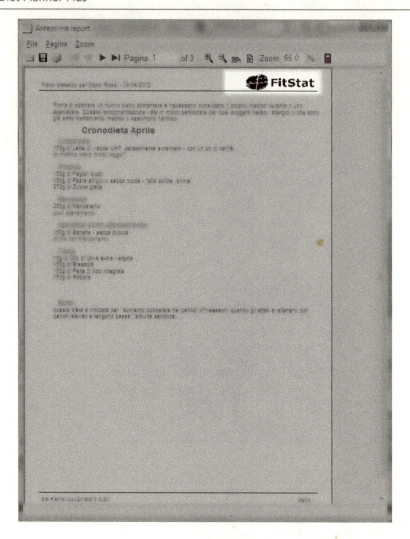

Figura 36

Nella prima pagina, sotto l'intestazione del destinatario della dieta è possibile inserire una nota che si desidera mettere in apertura, prima della dieta.

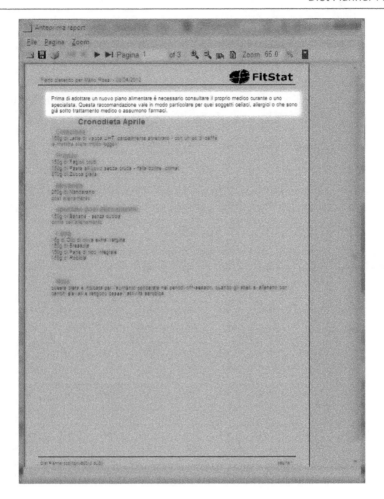

Figura 37

Per inserire il logo e la nota occorre andare al menù: "Strumenti", ciccare sulla voce: "Opzioni" e apparirà la finestra rappresentata nella figura 38.

Per inserire il logo occorre ciccare sul pulsante: **[seleziona logo]**.

Con **[rimuovi logo]** si rimuove dal report il logo precedentemente inserito. Apparirà alla destra dei pulsanti la scritta: "logo presente" in verde qualora il report ne sia provvisto, oppure: "logo assente" in rosso se non è presente alcun logo.

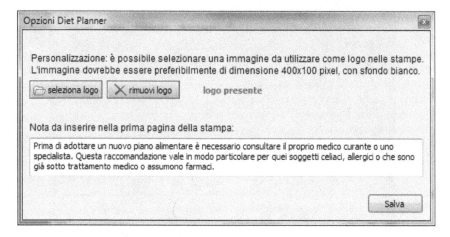

Figura 38

Per inserire la nota basta scriverne il contenuto nell'apposito spazio e poi cliccare sul pulsante: **[Salva]**.

Gestione alimenti

Gruppi alimentari

Dal menù: "Alimenti", selezionando la voce: "Gruppi alimentari" compare l'elenco dei gruppi alimentari presenti. Facendo doppio click su un gruppo alimentare selezionato si apre una finestra con la sua descrizione e le note esplicative (si veda la figura 40).

Con il primo pulsante in basso a sinistra: **[Modifica]** si può modificare la descrizione e le note del gruppo alimentare selezionato. Con **[Inserisci]** si può inserire un nuovo gruppo alimentare. Con **[Cancella gruppo]** si può cancellare il gruppo alimentare selezionato.

Con il pulsante **[Esci]** si torna alla finestra principale.

Figura 39

Figura 40

Lista alimenti

La lista alimenti è l'elenco degli alimenti presenti nel data base, con descrizione/nome dell'alimento e accanto relative calorie per 100 gr.

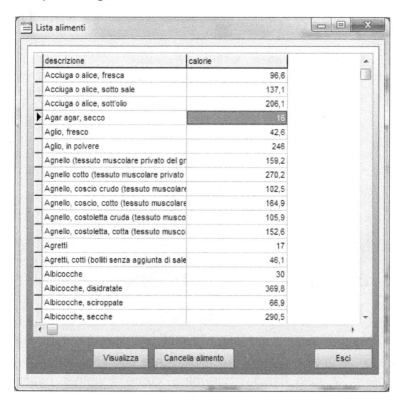

descrizione	calorie
Acciuga o alice, fresca	96,6
Acciuga o alice, sotto sale	137,1
Acciuga o alice, sott'olio	206,1
Agar agar, secco	16
Aglio, fresco	42,6
Aglio, in polvere	246
Agnello (tessuto muscolare privato del gr	159,2
Agnello cotto (tessuto muscolare privato	270,2
Agnello, coscio crudo (tessuto muscolare	102,5
Agnello, coscio, cotto (tessuto muscolare	164,9
Agnello, costoletta cruda (tessuto musco	105,9
Agnello, costoletta, cotta (tessuto musco	152,6
Agretti	17
Agretti, cotti (bolliti senza aggiunta di sale	46,1
Albicocche	30
Albicocche, disidratate	369,8
Albicocche, sciroppate	66,9
Albicocche, secche	290,5

Visualizza   Cancella alimento   Esci

Figura 41

Con un doppio click sull'alimento selezionato si apre la finestra con i suoi valori nutrizionali: la prima scheda presentata è quella dei dati principali (macronutrienti).

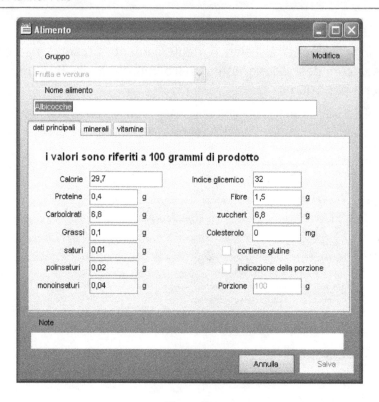

Figura 42

Per accedere ai dati dei micronutrienti dell'alimento quali i suoi minerali e le sue vitamine è sufficiente cliccare sulla scheda: "minerali" e sulla scheda: "vitamine" come si vede in figura 43 e 44.

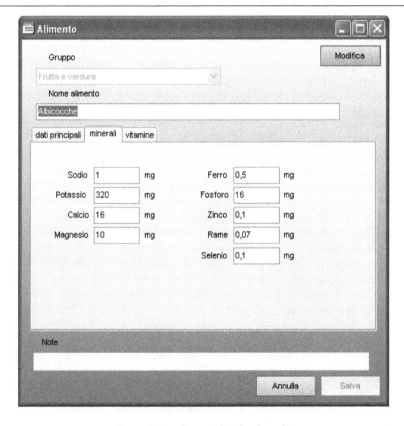

Figura 43 – micronutrienti: minerali

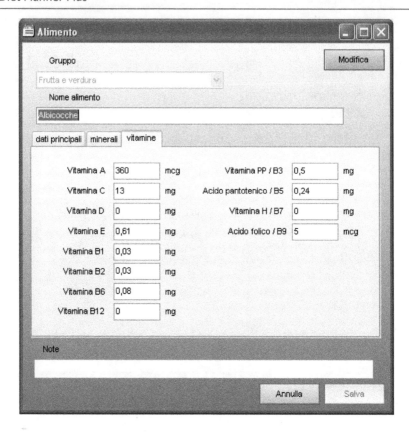

Figura 44 – micronutrienti: vitamine

Ricerca alimento

Con questa voce di menù è possibile procedere nella ricerca dell'alimento per gruppo e/o per iniziali del nome dell'alimento. Compariranno così tutti gli alimenti con quelle iniziali (si veda la figura 46), tra cui si selezionerà con un doppio click l'alimento desiderato.

Figura 45 – ricerca alimento

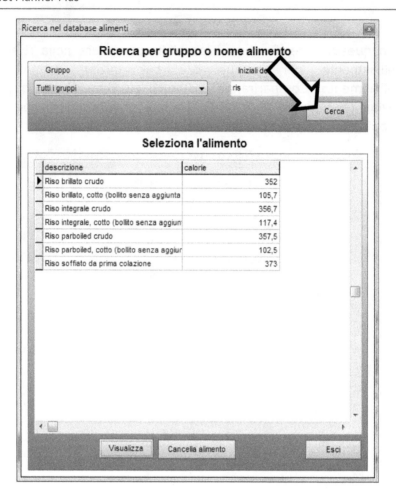

Figura 46

Inserisci alimento

E' possibile inserire un nuovo alimento. La finestra intitolata "Alimento" avrà la parte di descrizione e di dati valoriali pronta ad essere riempita.

Con il pulsante **[Salva]** in basso a destra si procederà al salvataggio dei dati immessi; con il tasto: **[Annulla]** si chiuderà la finestra e si tornerà a quella principale.

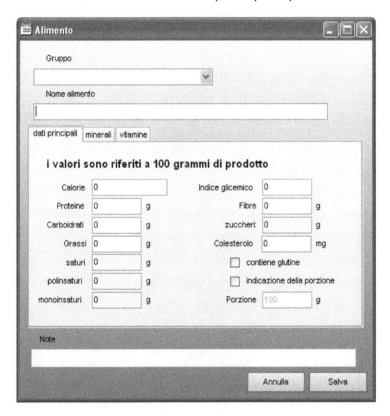

Figura 47

Gestione analisi corporee

Creazione nuova analisi corporea

Selezionando il menù "Analisi" e poi la voce "Nuova Analisi" in alto a sinistra, oppure il pulsante giallo in basso: **[Nuova analisi]** si procede alla compilazione dei dati per l'analisi corporea.

Compare automaticamente la data del giorno in cui si inserisce l'analisi.

Ci sono sulla sinistra due caselle da compilare per la definizione del peso corporeo e per l'altezza del paziente.

Alla destra vi sono tre colonne da completare; la prima è delle pliche (in millimetri) da prendere al bicipite, al tricipite, quella ascellare, sottoscapolare, al pettorale, quella addominale, soprailiaca e alla coscia. Le pliche del tricipite, sottoscapolare, soprailiaca e coscia sono coinvolte (oltre che al calcolo della percentuale di grasso) anche nel somatotipo.

La seconda colonna (opzionale) riporta le circonferenze in centimetri del bicipite, del torace, della vita, dei fianchi, della coscia e del polpaccio. In particolare, il bicipite e la coscia serviranno per il calcolo del somatotipo.

Infine l'ultima colonna, anche questa opzionale, è per l'espressione (in centimetri) dei diametri ossei del polso, del gomito, del ginocchio e della caviglia. I diametri di gomito e ginocchio serviranno per il calcolo del somatotipo.

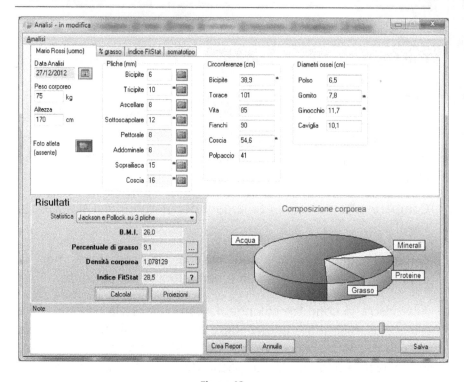

Figura 48

Conclusa la compilazione dei valori delle pliche, si prema il pulsante giallo: **[Calcola!]** per elaborare i dati introdotti; entro circa un secondo compariranno i risultati attesi per l'indice FitStat, la percentuale di grasso e la densità corporea.

Le metodologie di calcolo della densità corporea (e relativa percentuale di grasso) sono le seguenti:

- formula di Jackson e Pollock su 3 pliche
- formula di Jackson e Pollock su 7 pliche
- formula di Sloan (ragazzi e ragazze tra i 18 ed i 26 anni)
- formula di Forsyth (atleti maschi)
- formula di Jackson (atleti femmine)
- formula di Boileau (bambini e ragazzi tra i 6 ed i 18 anni)

- formula di Durnin e Womersley (per soggetti sedentari)

> **nota:** *in base al sesso ed all'età del soggetto esaminato, solo alcuni di questi algoritmi compariranno nella tendina (ad esempio, la formula di Forsyth comparirà solo nel caso di soggetti maschi, quella di Jackson solo nel caso di soggetti femmine)*

Alla destra comparirà un diagramma a torta che indica figurativamente, in base all'analisi effettuata, la percentuale di acqua, proteine, minerali e grasso del corpo del paziente.

Facendo click sul pulsante raffigurante tre puntini, a fianco della dicitura: "Percentuale di grasso" compariranno i risultati degli algoritmi relativi alla percentuale di grasso, calcolata diversamente in base agli algoritmi disponibili in letteratura; tra le stime più attendibili si può ritenere la valutazione Jackson e Pollock su tre pliche; il calcolo dell'indice FitStat si basa su questo algoritmo.

Un pulsante con tre puntini è disponibile anche accanto alla densità corporea; anche in questo caso verranno mostrati i risultati diversi calcolati secondo gli algoritmi citati.

Scheda valutazione: percentuale di grasso

Una volta effettuata l'elaborazione, compaiono due nuove schede nella finestra; la prima delle quali permette di valutare lo stato di fitness attraverso il confronto della percentuale di grasso del paziente con alcuni valori di riferimento (una persona obesa, una persona normale sedentaria, una persona in forma, un atleta di alto livello e Mr./Miss Olympia).

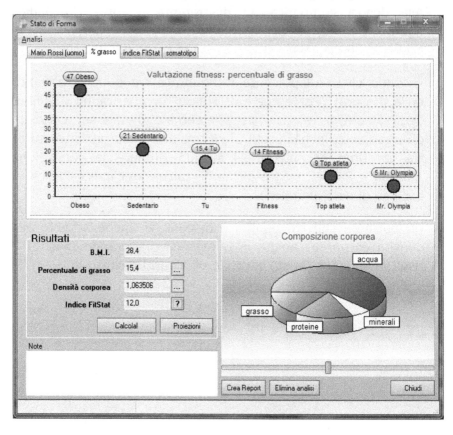

Figura 49

Scheda valutazione: indice FitStat

La seconda scheda permette di valutare lo stato di fitness attraverso un parametro, l'indice FitStat, che tiene conti sia della percentuale di grasso del paziente, sia dello sviluppo della muscolatura: a parità di percentuale di grasso, un atleta più sviluppato avrà valori dell'indice FitStat più elevati.

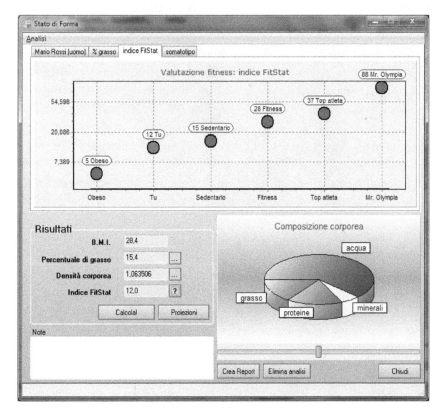

Figura 50

Si possono anche apporre delle note ad ogni nuova analisi per indicare osservazioni, variazioni, ed elementi significativi in merito all'ultima analisi eseguita.

In conclusione si può creare un report con il pulsante **[Crea Report]**, riassuntivo dell'analisi fatta. (Vedi paragrafo: "Report di analisi").

Dopo aver completato l'analisi si può chiudere la finestra col tasto giallo, in basso a destra: **[Chiudi]**, i dati verranno salvati automaticamente e l'analisi si aggiungerà all'elenco di quelle effettuate dal paziente ed andrà ad aggiornare il diagramma: "Indice FitStat e percentuale di grasso" sulla relativa scheda nella finestra principale dell'applicazione.

Scheda somatotipo

La scheda "somatotipo" permette di effettuare una valutazione dei parametri che vanno a costituire i cosiddetti biotipi (o somatotipi) di Sheldon; l'idea è quella di categorizzare il corpo del paziente secondo tre direttive:

- **Endomorfo**: caratterizzato da un aumentato deposito di grasso, una vita larga e una struttura ossea robusta. L'endomorfo è maggiormente predisposto ad immagazzinare grasso, dunque i gradi di appartenenza all'endomorfismo delineano la tendenza all'accumulo di grasso di un soggetto.

- **Mesomorfo**: caratterizzato da ossa di medie dimensioni, tronco solido, bassi livelli di grasso corporeo, spalle larghe a vita stretta, solitamente denominato tipo muscolare. Il mesomorfo è tendenzialmente predisposto a sviluppare la muscolatura, ma non ad immagazzinare grasso, e i gradi di appartenenza al mesomorfismo delineano la tendenza allo sviluppo muscolare di un soggetto.

- **Ectomorfo**: caratterizzato da muscoli e arti lunghi e sottili e un ridotto accumulo di grasso, di solito indicato come sottile. L'ectomorfo non è predisposto ad immagazzinare grasso o a costruire muscolo, quindi i gradi di appartenenza all'ectomorfismo delineano la tendenza al mantenimento di un corpo sottile, magro, poco muscoloso e longilineo di un soggetto.

Naturalmente una persona non sarà quasi mai un somatotipo perfetto, ma avrà caratteristiche miste.

Il diagramma a triangolo di Sheldon serve appunto a mostrare a quale tipologia si avvicina di più il soggetto dell'analisi corporea.

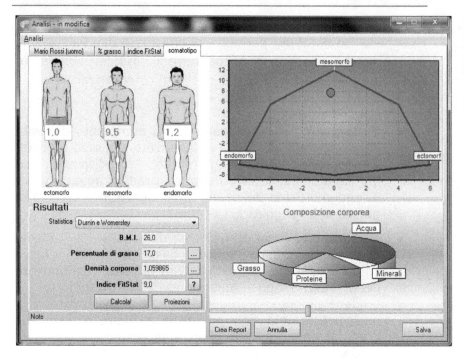

Figura 51

Indice FitStat

L'indice FitStat è un parametro di valutazione per gli atleti interessati allo sviluppo muscolare; l'indice tiene conto sia della percentuale di grasso, sia della massa del paziente.

Valori significativi dell'indice FitStat sono, ad esempio:

Uomini

Indice FitStat	Riferimento
13-17	Persona sedentaria
26-30	Sportivo
35-39	Atleta di alto livello

Donne

Indice FitStat	Riferimento
11-15	Persona sedentaria
17-21	Sportiva
28-32	Atleta di alto livello

Una spiegazione del significato dell'indice FitStat è disponibile dalla finestra dell'analisi, premendo il pulsante **[?]** presente a destra della casella di testo relativa.

Che cos'è l'indice FitStat?

L'indice FitStat è un parametro statistico calcolato sulla base del peso, dell'altezza e della percentuale di grasso dell'atleta; un valore dell'indice più alto indica un migliore stato di forma per l'atleta, al contrario bassi valori dell'indice indicano uno stato di forma sub-ottimale.

Valori tipici dell'indice FitStat vanno da 20 a 60 per gli atleti maschi, e da 15 a 40 per le atlete femmine. Valori superiori a quelli indicati sono generalmente associati ad atleti estremamente magri e con una massa magra molto importante.

E' un indice particolarmente efficace nella valutazione di atleti che sono già abbastanza in forma, ovvero con una percentuale di grasso inferiore a 20 per gli uomini e a 30 per le donne.

L'indice FitStat cresce con la massa corporea a parità di percentuale di grasso, quindi è indicato nella valutazione dei body-builders, poichè essi giudicano positivamente l'accrescimento della massa magra.

Per atleti fuori forma, oppure per stimare il grado di fitness di persone sedentarie, ovvero per valori dell'indice FitStat inferiori a 10, è si consiglia di valutare anche il classico BMI, parametro certamente più indicato per la valutazione di non-atleti.

Figura 52 – pop-up spiegazione indice FitStat

Allegare un' immagine all'analisi

In Diet Planner Plus è possibile allegare un' immagine ad ogni analisi.

Questa funzionalità è stata introdotta per dare la possibilità al professionista di inserire la fotografia del paziente all'inizio di un ciclo di allenamenti e/o di una dieta, in modo da tenere traccia non solo dei valori di peso, massa magra, percentuale di grasso eccetera, ma anche dell'aspetto estetico al momento dell'analisi.

La finestra dell'analisi presenta un pulsante preceduto dall'etichetta "Foto atleta": se all'analisi è già stata associata un' immagine, il pulsante è di colore blu e l'etichetta riporta la scritta "Foto atleta (presente)"; mentre se l'analisi non ha una immagine allegata il pulsante si presenta di colore rosso e l'etichetta è "Foto atleta (assente)".

Si confronti la figura 53 con la figura 48.

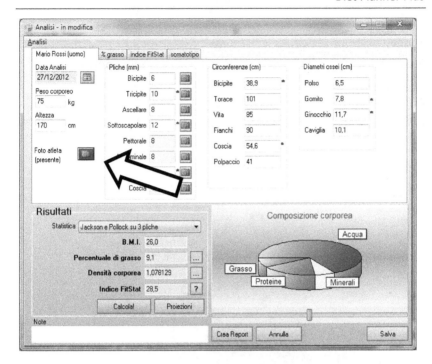

Figura 53

Il meccanismo di caricamento, visualizzazione e modifica delle immagini allegate all'analisi è perfettamente analogo a quanto visto relativamente al piano dietetico: si vedano le pagine 34, 35 e 36, in particolare le figure 22 e 23.

Illustrazioni dei siti delle pliche

A partire dalla versione 1.2 è stata introdotta in Diet Planner Plus una funzionalità che aiuta l'operatore nel reperimento delle pliche: a destra di ogni casella di testo è presente un pulsante con l'icona di una macchina fotografica. Premendo il pulsante si aprirà una maschera con l'illustrazione del punto di repere della plica.

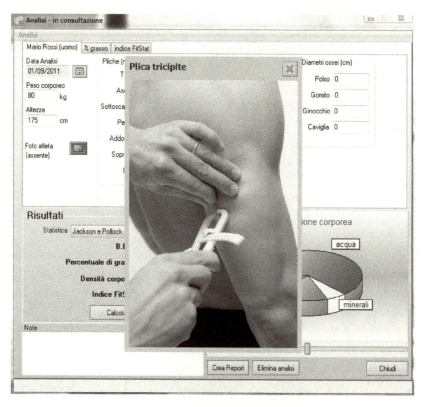

Figura 54

Report di analisi

Il Report di analisi, che riporta la data dell'analisi ed il nome del paziente permette di avere la sintesi dei dati somatometrici rilevati, con peso, altezza, pliche, diametri ossei e circonferenze delle parti significative ai fini dell'analisi; la stima ed il grafico sulla composizione corporea ed infine l'indice FitStat, un parametro riassuntivo sullo stato di forma fisica.

In conclusione dell'analisi, se l'applicazione è stata registrata, il report può essere stampato e consegnato al paziente.

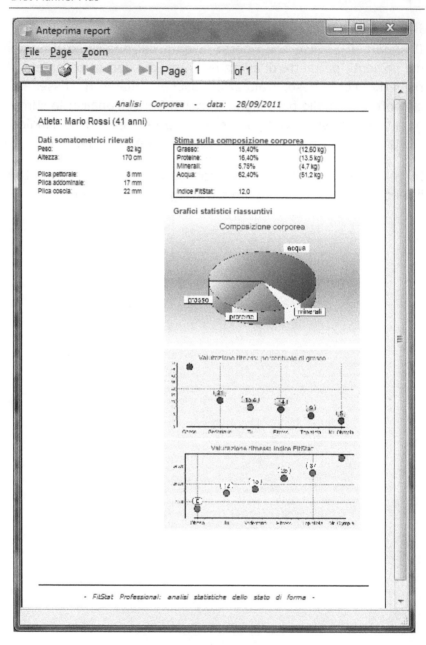

Figura 55 – anteprima report senza immagine allegata

Nel caso in cui l'analisi selezionata comprenda un'immagine allegata, questa verrà inserita nel report, come si può vedere nella figura seguente.

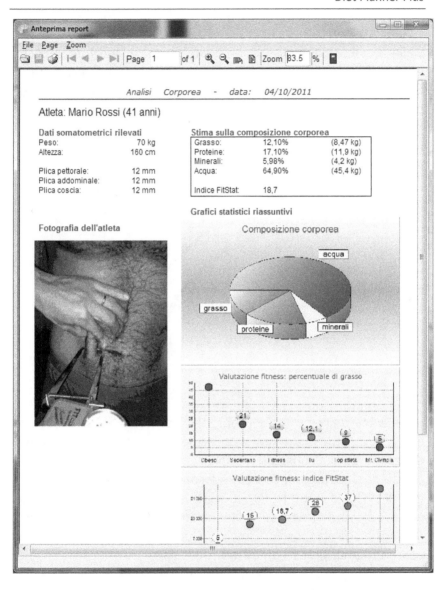

Figura 56 – anteprima report con immagine allegata

Proiezione obiettivi composizione corporea

Dalla pagina dell'analisi, dopo aver inserito i valori delle pliche ed aver effettuato l'elaborazione, è possibile premere il pulsante [Proiezioni], che aprirà la finestra della proiezione obiettivi.

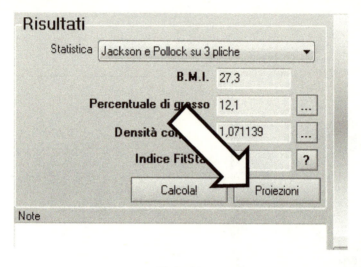

Figura 57

La finestra della proiezione obiettivi permette di impostare gli obiettivi di fitness per un dato paziente: attraverso due barre di scorrimento si possono verificare gli effetti di un aumento o di una diminuzione di massa muscolare e di grasso corporeo. I grafici si aggiornano in tempo reale in base alla posizione delle barre di scorrimento, evidenziando la variazione nella composizione corporea e nella valutazione comparativa della percentuale di grasso e dell'indice FitStat.

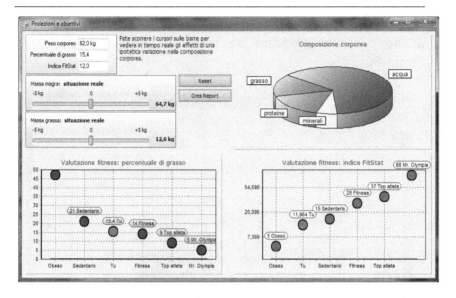

Figura 58

Il pulsante **[Reset]** consente di ritornare alla situazione "reale", ovvero a quella desunta dall'analisi effettuata, annullando le modifiche impostate.

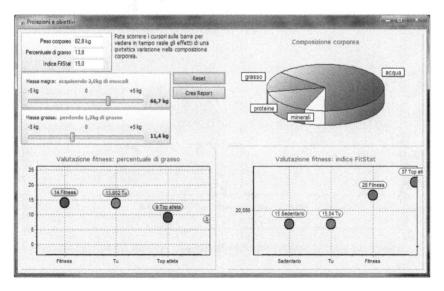

Figura 59

Da questa schermata, tramite il pulsante **[Crea Report]** è anche possibile generare un report obiettivi, presentato in figura 60.

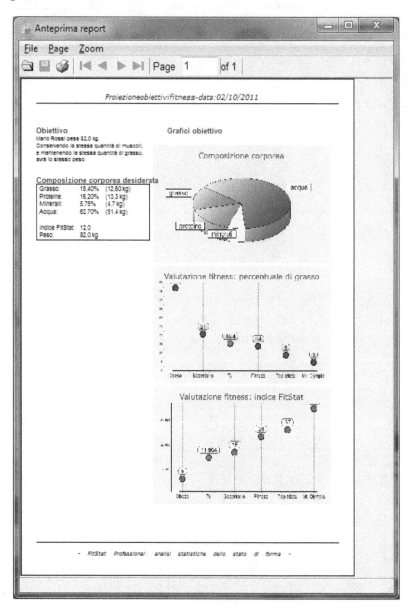

Figura 60 – report proiezione obiettivi

Funzioni aggiuntive

Voce di menù "Strumenti"

Effettua backup dei dati

Per salvare i dati aggiunti al database degli alimenti in un file esterno occorre cliccare su questa voce di Menù. E' consigliabile farlo periodicamente, e prima degli aggiornamenti.

Ripristina backup dei dati

Per ripristinare un database precedentemente esportato su file con la voce di Menù: "Effettua backup dei dati" occorre selezionare questa voce di menù.

Viene richiesto se si è sicuri di procedere con l'operazione perché il file selezionato andrà a sovrascrivere quello già presente.

Ottimizza e comprimi database

Serve per migliorare le prestazioni del programma: riorganizza i dati del database pazienti, diete ed analisi.

In particolare, questa funzione può essere utile dopo alcune settimane di uso intensivo dell'applicazione, qualora si siano inseriti, cancellati e/o modificati molti dati.

Opzioni

Per la descrizione della voce di Menù: "Opzioni" si veda pagina 54 di questa guida.

Voce di menù "?"

Apri il manuale di Diet Planner PLUS
Serve ad aprire il Manuale del software in formato pdf.

Informazioni sul Programma
Mostra le informazioni riferite alla versione e alla registrazione del programma.

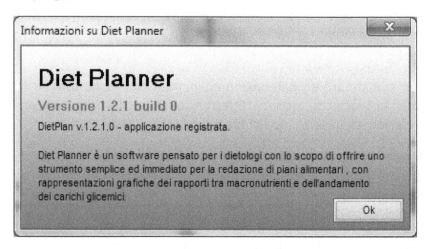

Figura 61

Apri il sito web
Serve ad accedere alla pagina web del sito di Diet Planner Plus.

Informazioni sull'indice FitStat
Apre una finestra con la spiegazione del significato dell'indice FitStat; si veda il paragrafo relativo, alle pagine 72 e 73.

Registrazione DietPlanner PLUS
Dà le informazioni in merito alla registrazione del programma (per ulteriori dettagli, si vada a pagina 86).

Riporta il numero di licenza, l'identificativo di installazione ed il codice di sblocco.

Qualora la versione non fosse ancora registrata, in presenza di un software di posta elettronica, col pulsante: "Richiedi codice di sblocco" potrà essere inviata una mail che riporterà numero di licenza ed identificativo di installazione.

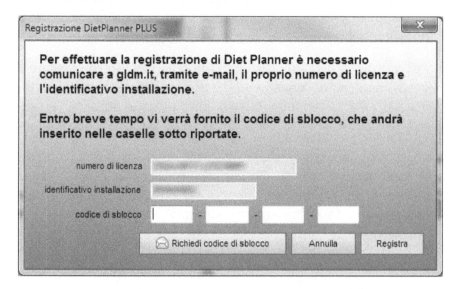

Figura 62

Con **[Annulla]** si chiude la finestra; con **[Registra]** si procede alla registrazione del programma.

Registrazione del software

Diet Planner Plus può essere eseguito fino ad un massimo di dieci volte senza registrare l'installazione; in questa modalità si possono inserire solo tre pazienti, con un massimo di cinque analisi per ciascuno, non si possono stampare i report e i dati non vengono salvati alla chiusura del programma.

Per registrare la vostra installazione è necessario comunicare il vostro numero di licenza ed il codice identificativo della vostra installazione. Entrambe queste informazioni possono essere trovate dal menù "?", alla voce "Registrazione Diet Planner PLUS".

Il pulsante **[Richiedi codice di sblocco]** permette l'invio automatico[2] all'indirizzo supporto@dietplanner.it una e-mail contenente i dati necessari allo sblocco.

Entro due giorni lavorativi vi verrà inviato per posta elettronica il codice di sblocco.

Attenzione: il codice di sblocco è legato all'identificativo dell'installazione, con esso potrete sbloccare solo e soltanto l'applicazione Diet Planner Plus installata sulla macchina. Ulteriori installazioni su computer diversi avranno un identificativo di installazione diverso e dovranno essere registrati separatamente.

Per inserire il codice di sblocco si può usare la schermata di registrazione mostrata all'avvio (si riveda la figura 2) oppure, dalla finestra principale, aprire il menù: "?" e poi selezionare la voce: "Registrazione Diet Planner PLUS" (si riveda la figura 62).

---

[2] Affinché l'invio automatico funzioni è necessario che, sul computer, sia installato e configurato un software di posta elettronica.

Comparirà una finestrella in cui inserire il codice di sblocco, una volta compilato andrà cliccato il pulsante giallo a destra: **[Registra]**.

Riaprendo la finestra di registrazione, verrà mostrata la schermata rappresentata in figura 63.

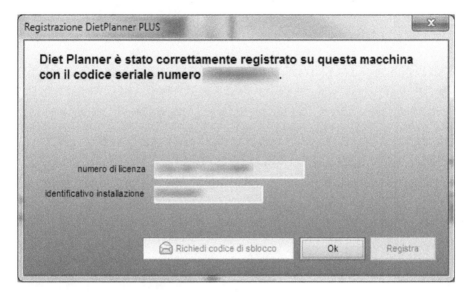

Figura 63 – finestra di registrazione quando l'applicazione è sbloccata

Appendice A – setup per Windows

L'installazione tipica di Diet Planner Plus su un computer con sistema operativo Windows prevede l'inserimento del CD-ROM del programma nel drive ottico della macchina.

In base alle impostazioni di Windows potrebbe venire eseguito automaticamente il *launcher* di Diet Planner Plus, se questo non avviene, aprite Esplora Risorse, selezionate il disco ottico contenente il CD-ROM di Diet Planner Plus e fate doppio click sull'icona con il nome "autorun"; questo avvierà il *launcher*.

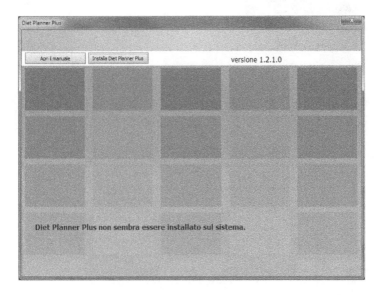

Figura A.1

Il programma verifica se esiste già nel sistema una versione del software, e permette di lanciare l'installazione di Diet Planner Plus, oppure di visualizzare il manuale.

Facendo click sul pulsante **[Installa Diet Planner Plus]** verrà avviata l'installazione vera e propria.

La prima schermata dell'installazione è rappresentata in figura A.2.

Figura A.2

Premendo il pulsante **[Avanti >]** si procederà alla prossima schermata.

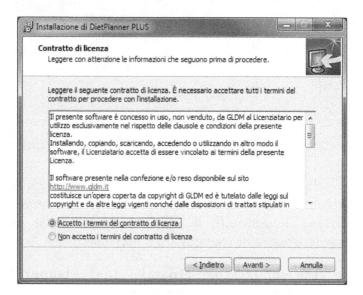

Figura A.3

Qui si dovrà leggere attentamente il contratto di licenza del software; per procedere nell'installazione bisogna comprendere ed accettare le condizioni del contratto: fate click sull'opzione "Accetto i termini del contratto di licenza", quindi premete il pulsante **[Avanti >]**.

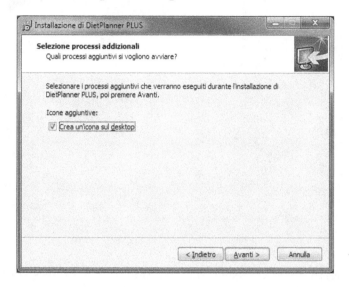

Figura A.4

A questo punto occorre decidere se volete che il setup crei per voi un'icona del programma sul Desktop (biffate la relativa casella); procedete quindi con il pulsante **[Avanti >]**.

Qui verrà presentata una schermata riepilogativa; siete ancora in tempo per tornare indietro e modificare le scelte effettuate.

Se volete procedere con l'installazione, premete il pulsante **[Installa]**.

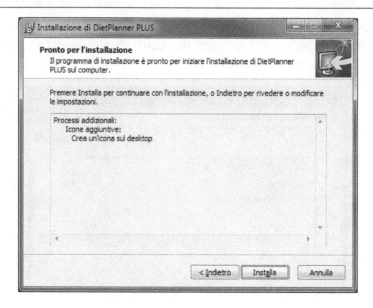

Figura A.5

La schermata successiva mostra una barra di avanzamento che rappresenta il processo di installazione; in breve la barra arriverà al 100% e l'installazione sarà terminata.

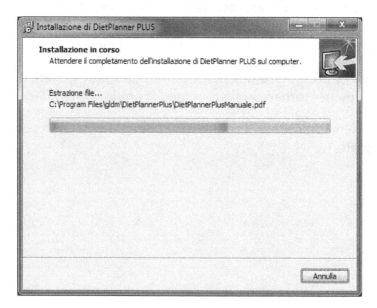

Figura A.6

Figura A.7

La schermata successiva illustra quali sono i prossimi passi per l'utente, ovvero la necessità di disporre di un numero di licenza per il programma (che dovrebbe essere all'interno della confezione).

Figura A.8

Premendo **[Avanti>]** si raggiunge la schermata conclusiva del processo di installazione di Diet Planner Plus; prima di premere il pulsante **[Fine]**, si può biffare la casella "Avvia DietPlanner PLUS" se si desidera lanciare immediatamente il programma.

Appendice B – annotazioni sulla plicometria

La stima del grasso corporeo totale si ottiene attraverso un algoritmo che prende in ingresso i valori di alcune pliche, in base alla relazione statistica che esiste tra il grasso totale sottocutaneo e quello corporeo. Va comunque tenuta in considerazione la variazione biologica della distribuzione di grasso, che è influenzata da alcune variabili come: sesso, età, sovrappeso.

Per la misurazione delle pliche sono significativi: il calibro utilizzato, l'allenamento, l'esperienza dell'operatore e l'esatta identificazione del sito di rilevamento, detto anche punto di repere.

La tecnica della rilevazione delle pliche si acquisisce con la pratica e l'esperienza; ecco alcune indicazioni di massima:

> La rilevazione delle pliche va effettuata nella parte destra del corpo.

> La identificato, misurato e segnato attentamente il sito del rilevamento.

> Il plicometro va preso saldamente tra il pollice e l'indice della mano sinistra. La plica cutanea deve essere tirata di 1 cm sopra il sito da misurare.

> La plica va tirata posizionando il pollice e l'indice approssimativamente 8 cm a lato della linea che si trova perpendicolare alla traiettoria della plica.

> Deve essere mantenuto lo spessore sollevato durante il rilevamento.

> Vanno posizionate le estremità del calibro perpendicolarmente alla plica, approssimativamente 1 cm al di sotto del pollice e dell'indice e rilasciata la pressione lentamente.

> Il rilevamento va effettuato 4 secondi dopo avere rilasciato completamente la pressione.

Esperti nel settore (Jackson & Pollock, 1985; Lohman et al., 1984; Pollock & Jackson, 1984) a partire dai loro studi, hanno dato raccomandazioni utili al fine di migliorare la tecnica di rilevamento:

> Occorre essere meticolosi nella localizzazione dei tratti anatomici usati per circoscrivere il sito del rilevamento, nel misurare la distanza e mettere in evidenza il sito utilizzando una matita dermografica.

> Procedere ai rilievi non in ordine consecutivo, ma rotatorio (circuiti).

> Nella lettura del risultato del rilevamento va considerata un'approssimazione di 0,1 mm (calibri professionali) o di 0,5 mm (calibri di plastica).

> Per ogni sito fare due rilievi. Se c'è una variazione tra i due di oltre 1 mm, farne un terzo.

> I rilievi vanno effettuati sulla cute pulita e priva di creme.

> Non va fatta la pliche subito dopo l'allenamento per la variazione dei fluidi corporei, che tendono ad incrementarne lo spessore.

> Fare pratica sotto la supervisione di un collega con maggiore esperienza.

> Non usare calibri di plastica se non si ha ancora abbastanza esperienza.

Va presa in considerazione l'ora del giorno, la fase del ciclo mestruale, la razza e la parte del corpo presa in esame, perché possono agire apportando variazioni al rilevamento del grasso corporeo, così come l'età, la taglia e lo stato di idratazione del corpo.

Siti delle pliche

Le pliche vanno prese nei relativi punti di repere, come mostrato nelle seguenti illustrazioni:

plica tricipite

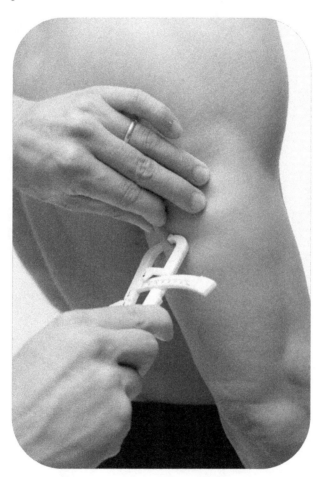

Usata nell'algoritmo Jackson per atleti di sesso femminile, nell'algoritmo Boileau ed in quello di Durnin e Womersley.

plica ascellare

Il valore di questa plica è utilizzato nell'algoritmo Forsyth per atleti maschi.

plica sottoscapolare

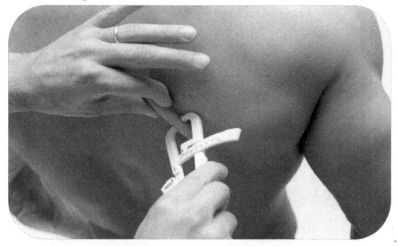

Usata nell'algoritmo Sloan, nell'algoritmo Jackson e Pollock per atleti maschi, nell'algoritmo Boileau ed in quello di Durnin e Womersley.

plica pettorale

Usata nell'algoritmo Jackson e Pollock per atleti maschi.

plica addominale

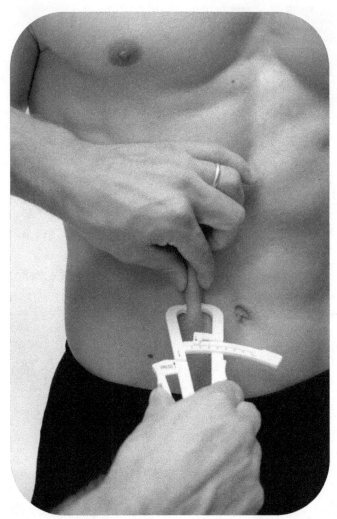

Questa misurazione viene usata nell'algoritmo Jackson e Pollock per atleti maschi e nell'algoritmo Jackson per atlete femmine di giovane età.

plica soprailiaca

Usata nell'algoritmo Jackson per atleti di sesso femminile sia giovani sia adulte e nell'algoritmo di Durnin e Womersley

plica coscia

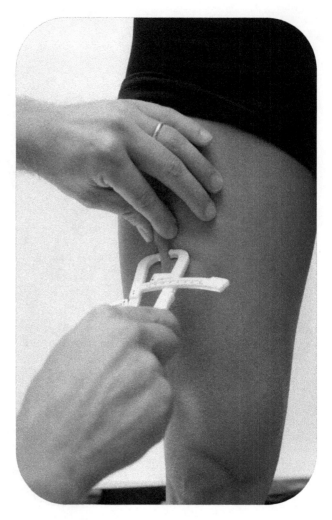

Questa misura è utilizzata nell'algoritmo Sloan, nell'algoritmo Jackson e Pollock per atleti maschi e nell'algoritmo Jackson per atlete femmine sia giovani sia adulte.

Bibliografia

- Fitness, un approccio scientifico – Vivian H. Heyward

- Medicine and Science in Sports and Excercise 16 1984 – Research design and analysis of data procedures for predicting body density – Jackson A.

- The Physician and Sportsmedicine 13 1985 – Practical assessment of body composition – Jackson A.S., Pollock M.L.

- Human Biology 53 1981 – Skinfolds and body density and their relation to body fatness: a review – Lohman T.G.

- Scandinavian Journal of Sport Science 7 1985 – Exercise and body composition of children and youth – Boileau R.A. et al.

www.ingramcontent.com/pod-product-compliance
Lightning Source LLC
Chambersburg PA
CBHW051255050326
40689CB00007B/1209